Mi laberinto

Pablo Guerrero
Emilio Urberuaga

KóKINOS

A los nietos de todos mis amigos
Pablo

A María. Gracias por haber venido
Emilio

Cuando soy taxista
te llevo en mi taxi al mar.

Cuando soy pianista
canto al ritmo de tu corazón.

Cuando soy pintor
pinto tu cielo de almendros.

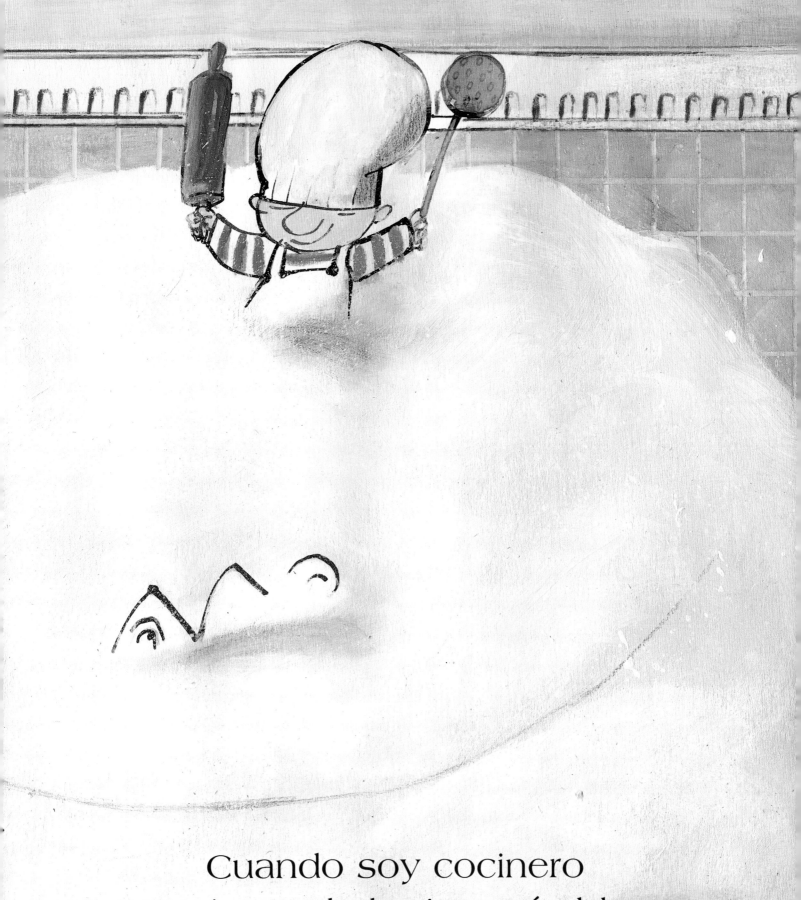

Cuando soy cocinero
tu sonrisa es la harina más blanca.

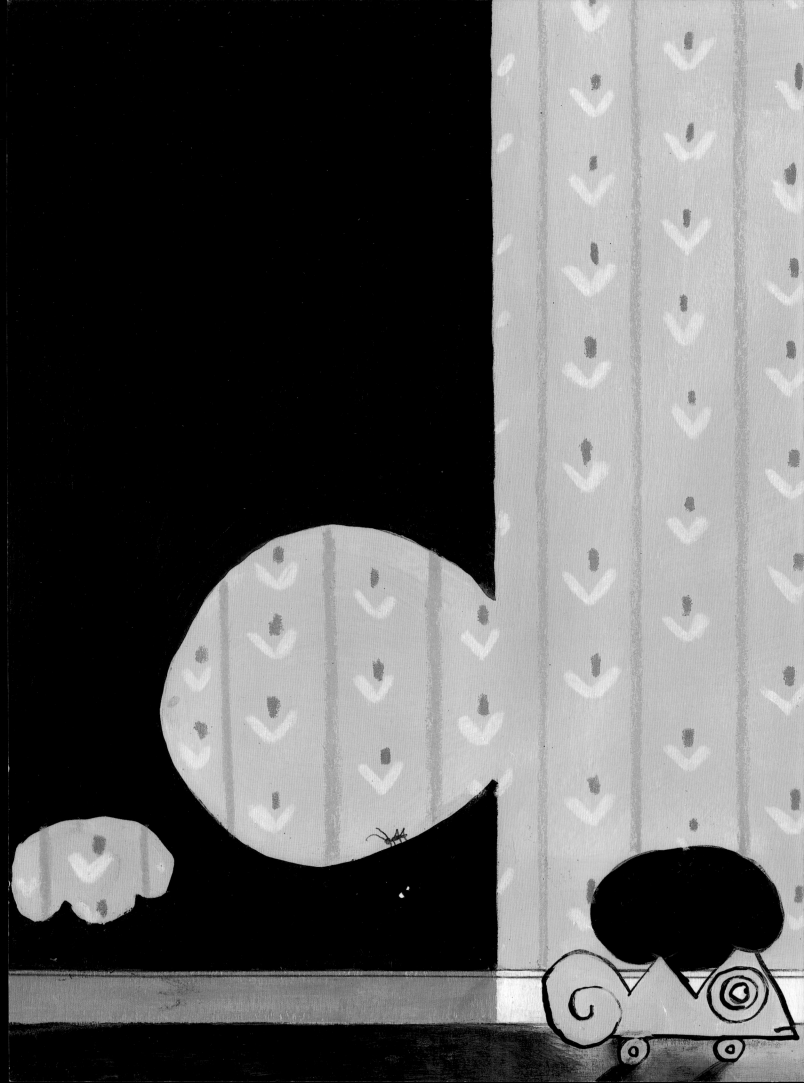

Cuando soy ladrón
robo todas tus penas.

Cuando soy piloto
te veo en cada nube.

Cuando soy vagabundo
me esperas en todas las ciudades.

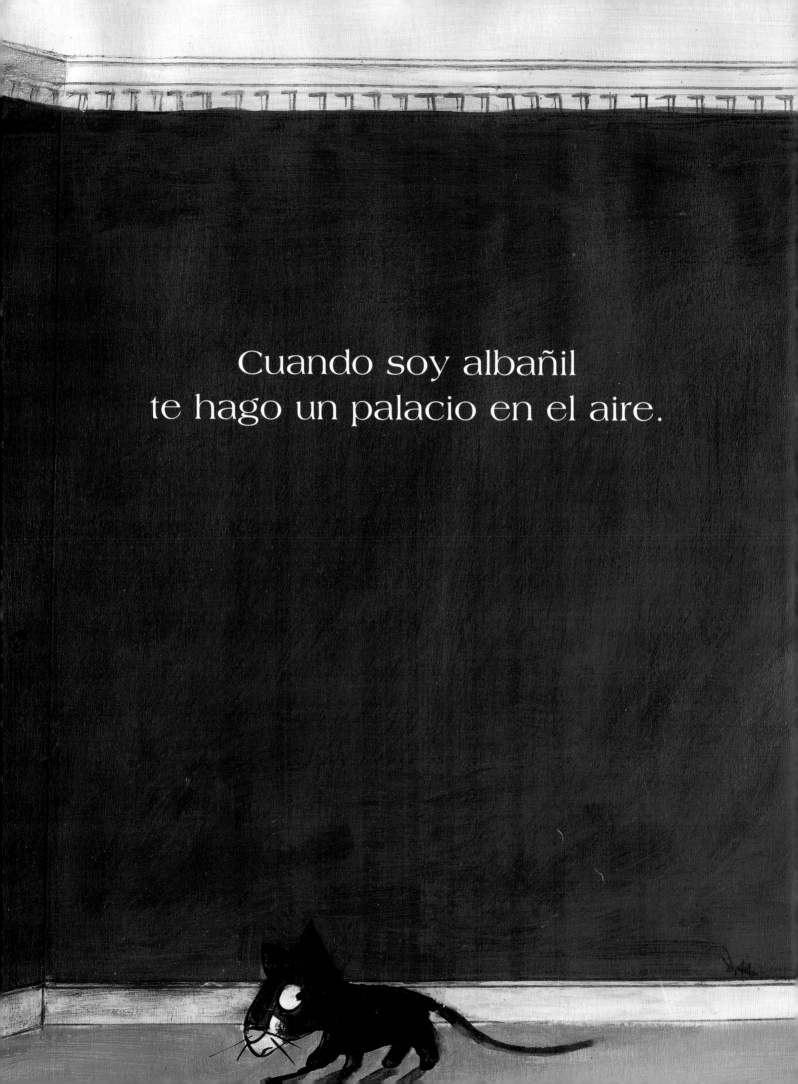

Cuando soy albañil
te hago un palacio en el aire.

Cuando soy profesor
te enseño mil palabras mágicas.

Cuando soy marinero
te regalo los vientos.

Cuando soy escritor
te escribo esta canción.

Y como solo soy un niño
te regalo la llave de mi laberinto.

ISBN: 84-88342-42-X
Depósito Legal: M-7247-2003

Fotomecánica e impresión: Amoretti
Impreso en España - Printed in Spain

Esta obra ha sido publicada con la ayuda de la Dirección General del Libro,
Archivos y Bibliotecas del Ministerio de Educación y Cultura.